EL BARCO
DE VAPOR

Caracol se queja

Roser Atmetlla

Ilustraciones de Marta Moreno

sm

LITERATURA**SM**•COM

Primera edición: septiembre de 2020
Segunda edición: julio de 2021

Edición ejecutiva: Berta Márquez
Coordinación editorial: Alejandra González
Coordinación de diseño: Eduardo Nacarino

Título original: *En Cargol es queixa*
Traducción del catalán: Roser Atmetlla

Impresores, 2
Parque Empresarial Prado del Espino
28660 Boadilla del Monte (Madrid)
www.grupo-sm.com

ISBN: 978-84-1318-457-9
Depósito legal: M-15508-2020
Impreso en la UE / *Printed in EU*

Caracol se queja
de la concha que le ha tocado.
Cargar con la casa
y llevarla siempre a cuestas
no es elegante ni práctico.
La tiene que arrastrar
y está harto de sudar.
¡Caracol no tiene suerte!
La concha le pesa tanto
que lo deja agotado.

En cambio, Saltamontes,
que siempre llega bien temprano,
primero da un brinco
y después pega un salto
para subirse a la flor que está más alta.

No le es difícil. Nada le pesa.
No suda nunca.

Y cuando lo llama,
siempre se ríe por lo bajo:

–¡Caracol! Sube aquí.
Mira cómo sale el sol... ¡y no te quejes!

Caracol trepa por el tallo
refunfuñando y resoplando.
Él va hacia arriba
mientras la maldita concha
pesa mucho y lo entorpece.
Él avanza y ella lo frena.
Y, cuando llega a tocar la flor,
en lo más alto, ya casi ha oscurecido.
Y de Saltamontes, ni rastro.

Un día, Caracol no puede más
y se decide. Como está harto,
se deshará de esta concha tan pesada.
Se la dará al primero que pase.
Así irá ligero por el mundo,
sin tener que cansarse ni refunfuñar.

Subirá temprano a la flor.
Será el primero en columpiarse.
Y, cuando llegue el zascandil
de la risilla burlona,
¡lo dejará con un palmo de narices!

Entonces pasa por allí Escarabajo, y Caracol lo llama enseguida:

–¡Escarabajo pelotero! ¡Escarabajo trabajador! Escúchame un momento, por favor, que he de hablarte de una cosa.

Escarabajo se para impaciente:

–Habla, pero deprisa, ¡que se me hace tarde!

–Por esta concha mía, de gran finura y belleza, ¿tú qué me darías?

–No hay nada que pueda darte. Además, estoy muy ocupado. ¡Debo empujar la pelota! –le contesta Escarabajo.

Pero Caracol no se desanima. ¡Al contrario! Insiste con voz dulce y seductora:

–Con una concha tan delicada como la mía, irías muy elegante y trajeado.

–¿Trajeado? –le pregunta Escarabajo sorprendido.

–¡Sí! Y elegante. Como si llevaras corbata. ¡Como si lucieras sombrero de copa!

Y Escarabajo, mientras se mira
los zapatos viejos y enfangados,
se imagina convertido en el personaje
mejor vestido de la comarca. Y se lo piensa.

¿Qué podría darle a Caracol
a cambio de una concha tan fina y refinada?

Lo piensa una y otra vez
hasta que le duele la cabeza.

¿Qué le podría dar?

Al cabo de un buen rato,
cuando Caracol ya ha perdido la esperanza
y piensa que su negocio no saldrá adelante,
Escarabajo encuentra la solución:

–¡Ya lo tengo!

–¡Qué bien! ¿Y qué será?
–exclama Caracol ilusionado.

–Te daré mi propiedad más valiosa.

Y Caracol, impaciente:

–¡Dilo ya de una vez! ¿Qué me darás por mi concha sensacional?

–¡Te daré esta pelota tan chula que está hecha de caca de vaca.

¡Ahora sí que Caracol
ha quedado impresionado!
¡Abrumado! ¡Espantado! Y pregunta,
porque no sabe si lo ha entendido bien:

–¿Dices que te quedas
con mi concha preciosa
y que tú me das esta bola de... caca?

Pero Escarabajo,
que la contempla satisfecho,
no puede evitar cantar
las alabanzas de su obra:
–De una boñiga
bien escogida,
he hecho una bola perfecta.
Mírala. Es compacta.
Muy redonda. ¡Excelente!
Cuando la empujes
por los caminos,
rodará sin desmigarse.

Como Caracol no dice nada,
Escarabajo se entusiasma:
–¡Qué suerte has tenido,
amigo Caracol!
Si a mí me ofrecieran
un tesoro como este,
no podría rehusarlo.
La verdad es que te envidio.
¡Podrás ir por el mundo
empujando una pelota!
Caracol no contesta
y Escarabajo sigue hablando:
–¡Todo el mundo te verá venir!
¡Todo el mundo te saludará allá
por donde pases! ¡Y a todos alegrarás
con el olor bien concentrado
de este balón perfumado!

Escarabajo vuelve a insistir, viendo que Caracol no dice nada:

–¿De golpe te has quedado mudo? Tendrás una vida diferente, interesante y variada. Te aseguro que no te aburrirás ni echarás de menos tu concha.

–¡Tu oferta es tan generosa que ahora no sé qué decir! –exclama Caracol, que ya se ve empujando una bola asquerosa por senderos y veredas.

Y se da cuenta de que se ha metido en un buen lío. ¡Qué negocio más ruinoso! Él, que tiene una concha limpia y ordenada. Una concha fresca en verano, cuando aprieta el calor.

Una concha para dormir
o para contemplar la luna y las estrellas
sacando solo una antena
y sin tener que saltar de la cama.
¿Qué se inventará para no perderla?

Mientras tanto, Escarabajo se impacienta:

–¡Vamos! ¡Habla! ¿Te decides?

–¡Ay! ¡No sé! –duda Caracol.

Y a la desesperada, y con las palabras más finas que encuentra, añade:

–Por querer cambiar de concha, no puedo privarte del excremento oloroso que te hace tan feliz.

–No te inquietes. ¡Yo me sacrifico!
–dice Escarabajo decidido.

Pero después reflexiona y se da cuenta, un poco intranquilo, de que la concha elegante no tiene aroma ni olor.
Y se alarma aún más cuando Caracol le hace notar que con la concha refinada no hará un largo camino:

–Si te fijas,
verás que no es redonda.
Ni resbala. Si la pones boca abajo
y la empujas, no rueda.
La verdad es que viajar
con ella a cuestas es pesado.
Te estoy muy agradecido.
¡Eres muy valiente por quererla,
amigo Escarabajo!

En este momento,
Escarabajo ve muy claro
que está haciendo un mal negocio.
¿Qué tonto cambiaría
una bola de caca estupenda
por una concha incómoda y pesada?
Y que, encima, no huele.
Y una vez lo tiene claro,
se lo dice claramente:

–¡Me sabe mal, amigo Caracol! Ya sé que voy a darte un gran disgusto, pero no puede haber trato entre nosotros. En este negocio, tú ganas demasiado y yo pierdo mucho. ¡Además, estoy seguro de que no me quieres engañar! Así que lo mejor es que tú cargues con tu trasto elegante y yo me vaya con mi preciosa boñiga de vaca.

¡Y dicho y hecho! Escarabajo, empujando la pelota, dice adiós a Caracol y sigue su camino.

Al día siguiente bien temprano, cuando Saltamontes llega a la flor que está más alta, se encuentra a Caracol dentro de su concha. Acunado por el viento, su amigo duerme. Hace frío. Y Saltamontes mira hacia levante, pero el sol aún no ha salido.

–¡Caracol! ¡Despierta! –lo llama.

Caracol saca solo una antena y lo saluda.

–Buenos días. ¿Ya estás aquí? ¿Cómo te encuentras? –pregunta soñoliento.

–Veo que el sol tarda y tengo frío –se lamenta Saltamontes disgustado.

Y Caracol, desde la cama, está de acuerdo:

–Es verdad que hace frío esta mañana. Solo he sacado un cuerno y se me ha quedado helado.

Pero Saltamontes tirita
y no le consuela que le den la razón:
–¡Es que, con estas patas tan flacas,
enseguida me resfrío! –se queja, y añade–:
En cambio tú, aquí, en tu casa,
estás abrigado y confortable.

–Es verdad –asiente Caracol.

–¡Y no tienes prisa por salir!

–Tienes razón –contesta ahora Caracol con un bostezo.

–Si me dieses tu concha,
yo te daría alguna cosa que te guste.

–Eso no. ¡De ninguna manera!
–exclama Caracol enseguida, y explica–:
Amigo Saltamontes, tú y yo no haremos
ningún negocio, porque seguro
que nos complicaríamos la vida.
Si te parece bien, contemplaremos
la salida del sol sin quejarnos.
Tú con tus patas largas y yo con mi concha.

Y Caracol no dice nada más
porque por levante empieza a salir
una bola roja y calentita
que se ríe por lo bajo.

TE CUENTO QUE A MARTA MORENO...

... cuando era pequeña, no le gustaba su estatura, como le pasa a Caracol con su concha. Todos la llamaban «Martita», no solo por ser bajita sino también para diferenciarla de la otra Marta de su clase, mucho más grande que ella. Hasta que un día se dio cuenta de que ser pequeñita era lo que le hacía ser especial y que los demás tuvieran ganas de darle achuchones y de llamarla Martita... de manera cariñosa, claro.

Marta Moreno (Barcelona, 1977) es ilustradora y maestra. Es la pequeña de una familia de cinco hermanas, quienes vieron su potencial creativo y la animaron en su carrera como ilustradora. Cuando cumplió quince años, sus hermanas le regalaron una mesa de dibujo que aún conserva y en la que han tomado forma todos sus proyectos desde entonces. Estudió Ilustración en l'Escola d'Art i Disseny de Tarragona y ha colaborado con editoriales tanto a nivel nacional como internacional. Actualmente reside junto con Sébastien y sus dos hijos, Teo y Cloe, en un pueblo a las afueras de Tarragona. Combina su trabajo como ilustradora con el de maestra de primaria en pequeñas escuelas rurales. El contacto diario con niños y niñas es para ella una gran fuente de inspiración.

TE CUENTO QUE ROSER ATMETLLA...

... cuando se encuentra caracoles en las lechugas piensa: «¡Pobres! ¡Tan lentos! ¡Con esa casa a cuestas!». Y le dan bastante pena. Pero muchas veces las cosas no son como Roser piensa. Cuando se despista un momento y no vigila al caracol que está en la hoja de lechuga, se lo encuentra encima de un armario. ¡O en el techo! ¿Será que ese caracol conoce a un escarabajo pelotero?

Roser Atmetlla nació en Blanes (Gerona) en 1963. Estudió Filosofía y actualmente intenta enseñársela a sus alumnos... Unas veces lo consigue y otras no. Empezó publicando novelas para adultos y, desde hace un tiempo, escribe sobre caracoles, escarabajos, pájaros, gatos... ¡Ah! Y también sobre niñas y niños.